ce livre appartient à

_____

JE
SUIS
AMOUR

Tu es Amour

par Lauren Tatner

Traduit de l'anglais par
Marie K. Lévesque et Lauren Tatner

Illustré par Angelina Doherty

© 2022 Lauren Tatner

Traduit de l'anglais par Marie K. Lévesque et Lauren Tatner

Tous droits réservés. À l'exception de courtes citations utilisées à l'intérieur d'articles ou de revues critiques, toute reproduction, en tout ou en partie, de cet ouvrage, par quelque moyen que ce soit tel que graphique, électronique ou mécanique, incluant photocopies, enregistrements ou par système de récupération des données est interdite sans l'autorisation écrite de l'éditrice.

ISBN: 978-1-7780585-2-3 (livre imprimé)
ISBN: 978-1-7780585-3-0 (livre électronique)

Dépôt légal – Bibliothèque et Archives nationales du Québec, 2022
Dépôt légal – Bibliothèque et Archives Canada, 2022

Éditrice/consultante : Ruthie Klein, B.S.S.
Illustratrice/graphiste : Angelina Doherty
Photographie de l'auteure : Brad Tatner

Publié par Loi de la Joie, Montréal, Québec, Canada

www.loidelajoie.com

Ce livre est dédié à
Hannah, Evalee, Starbie

Et à toi,
Avec tout mon amour.
Rappelle-toi toujours, Tu es Amour

Introduction

« **Tu es Amour** » est un guide illustré et interactif sur le bonheur et l'amour s'adressant à la fois aux adultes et aux enfants.

Dès leur naissance, les bébés ont le sentiment que la vie est agréable et pleine de possibilités. Ils sont des modèles de vie. Ils sourient spontanément, rient librement et sont toujours dans l'instant présent. Malheureusement, en grandissant, leur savoir inné est graduellement remplacé par des croyances apprises qui viennent limiter leur potentiel. Dès lors, ils chercheront sans cesse le bonheur à l'extérieur d'eux-mêmes.

Ce livre vous ramène à ce savoir inné et vous suggère ce que les enfants et l'enfant en vous veulent vous rappeler –

- ♥ Votre bonheur vient de l'intérieur
- ♥ Vous avez votre propre guide d'orientation (vos émotions)
- ♥ Vous êtes spécial, tel que vous êtes
- ♥ Votre état naturel est un état de bien-être
- ♥ Vous avez la capacité de créer tout ce que vous voulez
- ♥ Votre raison d'être principale est de goûter le plaisir de vivre
- ♥ L'énergie est au cœur de vous, et cette énergie est amour

En lisant ce livre ou en chantant les paroles (comme je le fais), remarquez-vous les sept couleurs de l'arc-en-ciel? Chaque couleur de l'arc-en-ciel a sa propre beauté.

Amusez-vous à travers les parties interactives des pages illustrées. Cela suscitera un dialogue interne et une conversation ouverte, et favorisera un lien émotionnel.

Soyez à l'affut d'une plume qui se cache parmi les illustrations. Je crois que si vous trouvez une plume, c'est un signe, de la part de vos anges, que vous n'êtes jamais seul/e.

Puisse ce livre éveiller et nourrir votre magnifique enfant intérieur. Puisse-t-il encourager les enfants à faire confiance à tout le savoir qu'ils possédaient déjà à leur naissance. Soyons enjoués et gentils lorsque nous pratiquons ensemble.

Aimez toujours,

Lauren

Je ressens de l'amour quand je _____

**Tu es amour
et
Tu es aimé(e)**

J'ai du plaisir quand je ―――

Tu crées ta propre joie
D'une façon bien à toi
Tu choisis
Des pensées qui te rendent heureux
Tu ris, chantes, danses et t'amuses
Joyeux!

mes forces intérieures (mes super-pouvoirs) sont _____

Aie confiance
Tout ce dont tu as besoin
Se trouve déjà
À l'intérieur de toi

Vois
Comment tu te sens,
Tes émotions et ta sagesse innée
Te guideront sûrement
Voilà!

Il est bon de savoir
Que tout ce que tu
  Penses
       Ressens
   Fais
     ou
    Dis
      est...

Je suis unique car _____

**Spécial
Unique
Car tu es seul à être TOI
Ici**

c'est amusant d'imaginer (ou de rêver que) _____

L'amour, le bien-être
Le bonheur et la paix
Toutes les bonnes choses sont là
imagine
crois
et tu
verras

Décris ton endroit paisible, à quoi cela ressemble-t-il?
(je vois _____, j'entends _____, je sens _____, je touche _____)

Ta part
C'est de te permettre
De te détendre
Te sentir bien
Et tu y parviendras

Tout ce que tu veux
Être, faire, ou obtenir
À toi de le créer
Pour ton plaisir
Quelle merveille!

j'apprécie ―――

Tu célèbres
Tu apprécies
Chaque moment
Chaque année
Autour du soleil

J'aime quand nous _____

Merci
D'être qui tu es
et
De m'avoir choisi(e)

J'ai du plaisir quand je joue ―――――――

J'aime te voir
T'amuser, grandir, évoluer
J'aime penser
Que tout est beau
Youpi!

Je suis aimé(e) même quand je _____

Tu es un être éternel
Je t'aime tel que tu es
Ton âme est grande et belle
C'est vrai!

Je sais ———————————
(choisis une affirmation ci-dessous ou crée la tienne)

L'amour de soi
Se pratique
Alors sois gentil
Souris
Tu es
Humain
et
Complet!

Remerciements

Je désire exprimer ma profonde gratitude à mes jumelles qui ont inspiré l'écriture de ce livre. Lorsque vous êtes nées, votre énergie positive et votre présence aimante m'ont ramenée à ce que je connaissais d'instinct au tout début de ma vie. Merci d'être qui vous êtes et de m'avoir choisie. Je vous aime.

Mes remerciements vont également à mes grands-parents aujourd'hui décédés, Eva et Harry Klein, dont mes jumelles portent maintenant les prénoms avec amour. À vous, Bubbie Eva et Zaidie Harry, survivants de l'Holocauste, qui avez rebâti vos vies au Canada, merci de m'avoir appris à faire confiance, à visualiser, à croire en moi et à apprécier l'amour, la bonté, la résilience ainsi que les plaisirs simples de la vie. Ces principes constituent la base de mon livre.

Merci aussi à Esther Hicks (et Abraham et Jerry), John Kobel, Dr Brian Weiss, maman, papa, Jon, Sari, Brad, Starbie, et merci à tous ceux et celles qui m'ont inspirée et continuent de m'inspirer tout au long de ma route.

Biographie

Lauren Tatner, fondatrice de Loi de la Joie (Law of Happy), est une professeure inspirante et une conférencière dynamique.

Native de Montréal et bilingue, Lauren est graduée de la faculté de droit de l'Université de Montréal où elle a obtenu quatre diplômes en droit.

Lauren est professeure certifiée de Reiki, consultante en hypnose et enseignante en méditation, formatrice en yoga du rire, et instructrice en conditionnement physique. Elle a une formation en théâtre, danse, Zumba, voix, médiation, art oratoire, improvisation, clownerie, comédie, hypnose de régression de vies antérieures (avec Dr Brian Weiss, psychiatre américain, et Carole Weiss), chamanisme et Qigong.

Lauren a toujours été fascinée par le lien intelligence/corps/esprit. L'enseignement sur le pouvoir du rire, de la méditation et du mouvement la passionne, et elle le dispense d'une façon agréable qui rejoint facilement les gens. Lorsque Lauren fait une allocution ou dirige des ateliers pour le secteur corporatif ou le secteur privé, elle utilise une approche individualisée qui intègre des éléments de ses diverses compétences et expériences.

Lauren est mère de jumelles et d'un chien rescapé. Vous pouvez visiter son site au www.loidelajoie.com

TU ES AMOUR

est aussi disponible en anglais

ISBN: 978-1-7780585-0-9 (livre imprimé - anglais)
ISBN: 978-1-7780585-1-6 (livre électronique - anglais)

www.ingramcontent.com/pod-product-compliance
Lightning Source LLC
Chambersburg PA
CBHW040159100526
44590CB00001B/13